Vers l'infini et les monts auvergnats

Scénario
Lucile Gorce

Dessin
Emma Tissier

DARGAUD

PARIS BARCELONE BRUXELLES HONG KONG LAUSANNE LONDRES MONTREAL NEW YORK SHANGHAI

« — Et toutes ces histoires sont vraies ?
— Comme toutes les autres histoires, à quelques détails près. »

La Vie en mieux, Dorian Hachem

ÇA A DÛ COMMENCER IL Y A 6 MOIS,

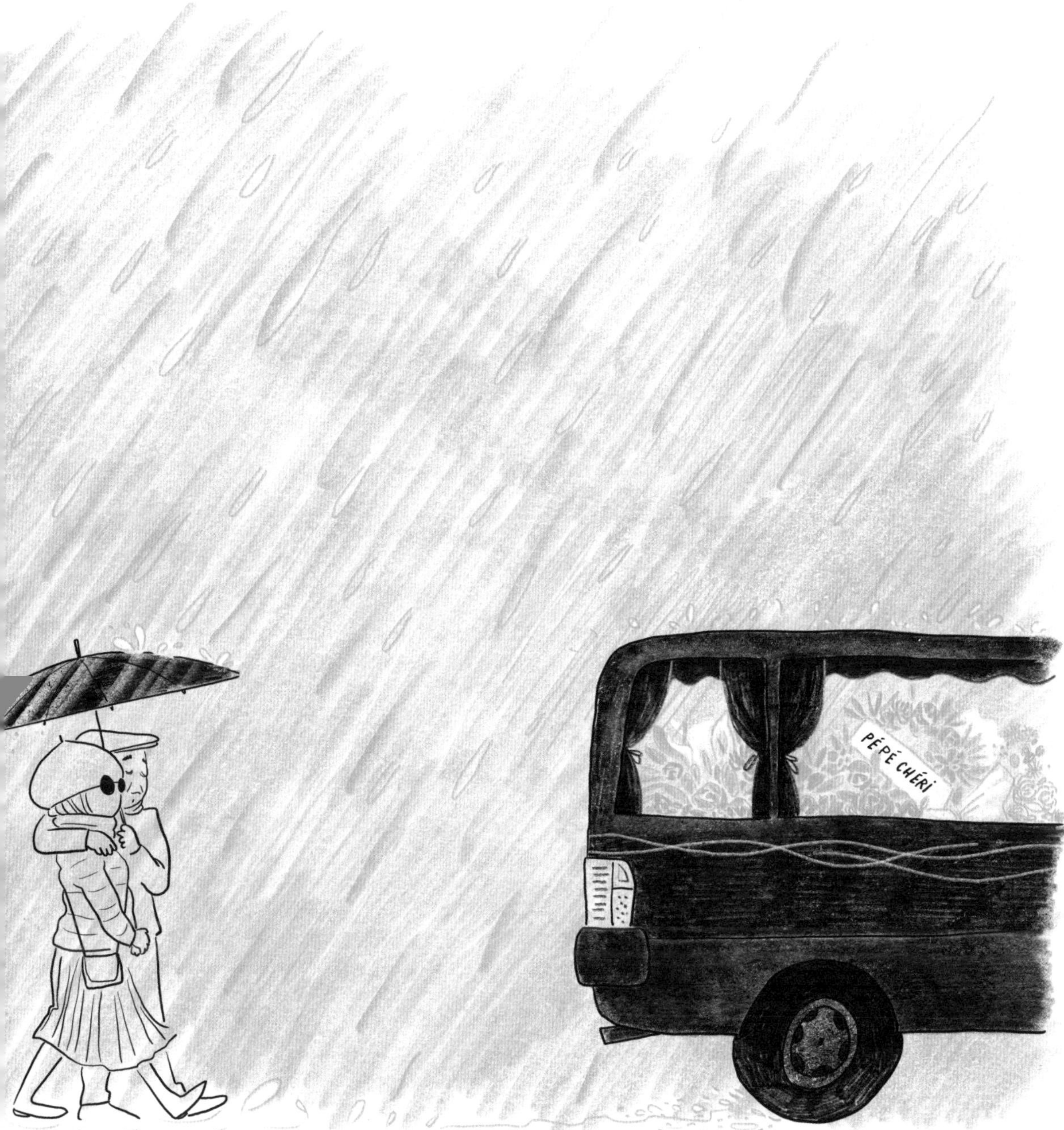

QUAND MON GRAND-PÈRE EST PARTI...

PSSIT !
TU CROIS PAS QUE
C'EST UN SIGNE ?
... DE QUOI ?

BEN QUE PÉPÉ RAYMOND PARTE MAINTENANT... JUSTE AU MOMENT OÙ ON SE DEMANDE SI ON N'AIMERAIT PAS REVENIR VIVRE ICI PRÈS DE NOTRE FAMILLE... PLUTÔT QU'À 500 KM, TOUT SEULS COMME DES GROS NIAIS !
ON VIENDRAIT S'INSTALLER DANS SA MAISON ?
EN ATTENDANT, ÇA POURRAIT ÊTRE UNE PREMIÈRE ÉTAPE.
J'AI L'IMPRESSION QUE C'EST CE QU'IL NOUS INVITE À FAIRE...

OU ALORS, IL Y A 18 MOIS

POSTE LA

BONNE CHANCE GASPARD!

OU ALORS NON... ICI ?
À DANS 11 HEURES MAMAN
À DANS 11 HEURES MAMAN
OUIIIIIIINNN !
QU'EST-CE QUE JE PEUX LUI OFFRIR ?
UNE VIE URBAINE À 200 À L'HEURE ?
42
FMTRAFIC
... DANS CE CONTEXTE, COMMENT VIVRE EN ACCORD AVEC NOS PRINCIPES ?

POUR LUI TRANSMETTRE
NOS VALEURS
PRENDRE SOIN DE LA PLANÈTE
MANGER LOCAL
TENDRE VERS LE
ZÉRO DÉCHET
MOINS UTILISER LA VOITURE...
SE CONCENTRER SUR L'ESSENTIEL !

OU ALORS NON ! C'EST LÀ QUE ÇA A DÛ COMMENCER !
CHOUBIDOU WOUAH
BOING BOING
ADÈLE... MA CHÉRIE. TU ES UNE FILLE BRILLANTE !
MH MH
TU NE VAS PAS GÂCHER TA VIE AU CONSERVATOIRE...
NON, NON ! IL FAUT QU'ELLE AILLE EN PRÉPA !
ELLE FERA UNE EXCELLENTE JOURNALISTE !

GASPARD...
TU VAS T'ENNUYER
DANS UN MÉTIER
MANUEL :
C'EST RÉPÉTITIF
PEU QUALIFIÉ
DIFFICILE
PHYSIQUEMENT
TU FERAS UN
EXCELLENT
INGÉNIEUR !

C'EST PEUT-ÊTRE TOUT ÇA À LA FOIS QUI NOUS A AMENÉS ICI, C'EST-À-DIRE NULLE PART POUR L'INSTANT... ON A SUIVI LES VOIES TOUTES TRACÉES, CE QUE LES AUTRES ATTENDAIENT DE NOUS.
VA PAR LÀ
SUIS ÇA !
FAIS COMME CI
CROIS-MOI
FAIS COMME ÇA
VOUS ÊTES ICI

COMMENT ON EST ARRIVÉS LÀ DÉJÀ ?
JUSQU'AU JOUR OÙ...
CRRRAAC !

ÇA NE S'EST PAS FAIT EN UN JOUR. MON PROJET, JE L'AI EN TÊTE DEPUIS 4 ANS.
GASPARD A FAIT UN AN DE FORMATION POUR PASSER SON CAP MENUISERIE.
ON A ENVIE DE FAIRE DES CRÊPES, HEIN ?...
COOK-JAMIE
A-Z CUISINE
ET PUIS SURTOUT, IL A FALLU ASSUMER. OU OSER ?
ON A,
ON A,
ON A,
ET...
PÂTE À CRÊPES EASY
Lait
Eau bière
4
3 OOO oeufs
2 Farine
1 MAGIE
Touille
Cuit
MIAM
... SI ON N'EST PAS CAPABLE D'UN PEU DE SORCELLERIE, PAS LA PEINE DE SE MÊLER DE CUISINE, COMME DIRAIT L'AUTRE !

OSER AFFIRMER QU'ON N'ÉTAIT PAS BIEN, LÀ. QU'ON NE VOULAIT PAS LAISSER LES ENFANTS 11 HEURES PAR JOUR À LA CRÈCHE PARCE QU'ON A UN SALAIRE CORRECT ET QUE LE SUD-OUEST, C'EST TELLEMENT SYMPA !

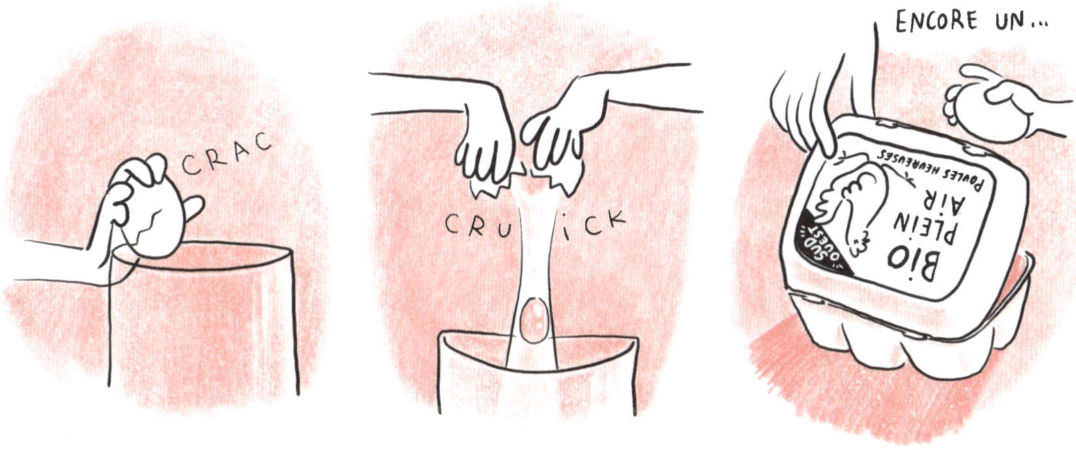

OSER DIRE QUE JE SUIS HEUREUSE D'ÊTRE UNE MAMAN, SANS DOUTE LA PLUS HEUREUSE, MAIS QUE CELA NE ME SUFFIT PAS ? QUE J'AI BESOIN D'ADRÉNALINE DANS MON TRAVAIL, DE M'ÉPANOUIR PROFESSIONNELLEMENT, DE TROUVER DU SENS POUR SAVOIR QUE J'EXISTE ENCORE EN TANT QUE PERSONNE.

ET OSER DIRE
QUE TOUT ÇA,
ALLEZ CHOUPETTE, TOUILLE-MOI ÇA !
+2
FARINE
NOUS NE POUVIONS
PAS LE TROUVER
DANS CETTE VIE
BIEN PROPRE
ET BIEN RANGÉE.
VRRRRRR

MAGIE* =
BIÈRE +
FLEUR D'ORANGER
+ RHUM
+ SUCRE VANILLÉ
MAIS AUTOUR DE NOUS,
C'EST LONG D'ATTENDRE...
C'EST PLUTÔT SALARIAT DEPUIS 30 ANS OU FONCTION PUBLIQUE...
DUR DUR D'IMAGINER QU'IL SOIT POSSIBLE
(ET RAISONNABLE !) DE VIVRE AUTREMENT.
ET PUIS UN JOUR...

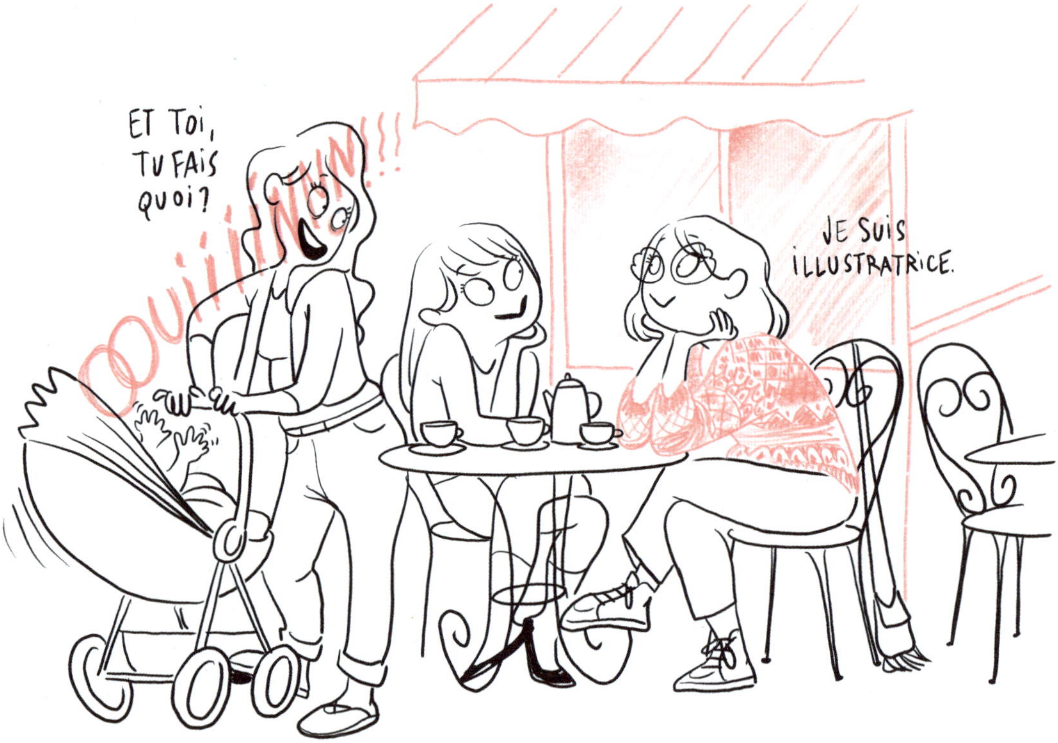
ET TOI, TU FAIS QUOI?
OOUIIIIINNN!!!
JE SUIS ILLUSTRATRICE.

AH OUAIS CHOUETTE!
MAIS JE VOULAIS DIRE, TU FAIS QUOI COMME BOULOT?
BEN, JE SUIS ILLUSTRATRICE!
PAF

...
VISAGE :
APAISÉ ET SOURIANT
VÊTEMENTS :
PAS TROUÉS
ÉLÈVE 2 ENFANTS
A UN TOIT SUR LA TÊTE
N'A PAS L'AIR EN SOUS-NUTRITION
SEMBLE HEUREUSE DE SON SORT.
KABOUM !!!
...
ÉPIPHANIE

ALORS J'AI TENTÉ UN COUP DE BLUFF.
ON N'A QU'À METTRE LA MAISON EN VENTE SUR INTERNET, ET ON VERRA BIEN !
SI ELLE PART, ON PART !
OOOUIIIIII PLUS FORT PAPA !
AH OUAIS ! QUAND MÊME...
BING BING BING
258 messages

15 JOURS PLUS TARD, LA MAISON ÉTAIT VENDUE.

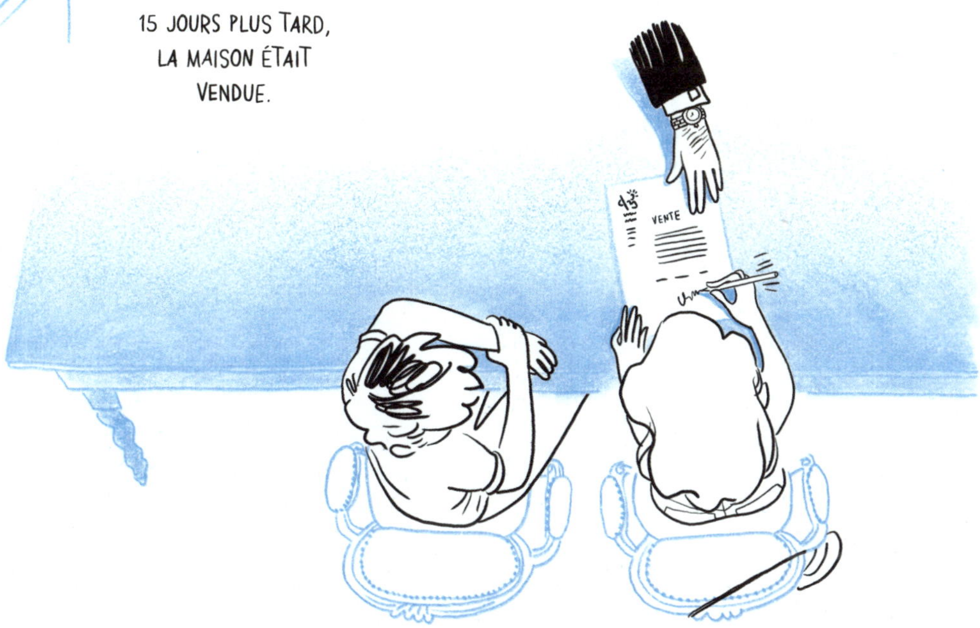

EN ANNONÇANT NOTRE DÉCISION AUX COPAINS, ON A DÉCLENCHÉ UNE VAGUE D'ENTHOUSIASME DÉMESURÉE.
AH MAIS C'EST GÉNIAL!
TOUT LAISSER DERIÈRE SOI...
PLUS DE CONTRAINTES!
HAN! SANS FILET!?
WOUAOUH...
QU'EST-CE QUE VOUS ÊTES COURAGEUX !!!

RECONNECTER AVEC TES RACINES BOURBONNAISES, QUEL BONHEUR !
Mhèèèh
INGALLS →
HAN... VIVRE À LA CAMPAGNE, DANS LA MAISON DE TES GRANDS-PARENTS... WOAH LE RÊVE !
OUAIS...
J'ADORERAIS FAIRE ÇA MOI AUSSI !
MOUAIS...
C'EST PLUTÔT ÇA, NOTRE FUTUR CHEZ-NOUS.

ON EST DEVENUS LES MODÈLES, LES STARS DE NOTRE GÉNÉRATION DE TRENTENAIRES DÉSABUSÉS.
COMMENT VOUS EST VENUE CETTE IDÉE ?
QUEL A ÉTÉ LE DÉCLIC ?
CLIC
CLIC
CLIC
CLIC
CLIC
CLIC
CLIC

VOUS Y PENSEZ DEPUIS LONGTEMPS ?
PARTIR SANS EMPLOI NI L'UN NI L'AUTRE, FORCE OU FAIBLESSE ?

BIZARREMENT, ON A RENCONTRÉ UN SUCCÈS PLUS TIMORÉ
QUAND ON A CRACHÉ LE MORCEAU À NOS PARENTS...

TOI GASPARD, TON CDI D'INGÉNIEUR!
ET TOI ADÈLE! TON POSTE À LA MAIRIE!
TOUT ÇA AVEC 2 ENFANTS...
... EN BAS ÂGE!
MAIS C'EST TO-TA-LE-MENT IM-MA-TURE!
INCONSCIENT!
BUGARACH 0,5
SUICIDAIRE!!!
...
MAIS QUAND MÊME... ON EST CONTENTS QUE VOUS VOUS RAPPROCHIEZ DE NOUS.
... OUI, SURTOUT AVEC LES PETITS!

ÉVIDEMMENT, ON A NOUS AUSSI TRAVERSÉ QUELQUES MOMENTS DE DOUTE...
Marie
OUI, MON CONTRAT FINIT FIN NOVEMBRE ET FIGURE-TOI ...
J'AI UN SUPER JOB... PARFAIT POUR TOI !... URGENT !...
AH
BON... OK, JE TE RAPPELLE LA SEMAINE PROCHAINE ...
... MARIE VIENT DE ME PROPOSER UN POSTE SUR MESURE.
CONSEIL DE GUERRE !
CLIK

OK !
JE RAPPELLE MON MAÎTRE DE STAGE DE CAP POUR VOIR S'IL A DU BOULOT POUR MOI ICI...
ET ON AVISE !?
ICI
LÀ-BAS

ALLEZ, LA NUIT PORTE CONSEIL.
MOUAIS
...
...
BRRR
L'AUVERGNE BLABLABLA TRÈS TRÈS FROID BLA BLA BLA...
WINTER IS COMING
CLIK CLIK
GRAT GRAT
00:31

NAN...
MAIS M'MAN, TU DÉCONNES ? ON HABITAIT AU BORD DE LA MER DANS UN ENDROIT TROP COOL !
ET TU NOUS AS ENTRAÎNÉS DANS CE TROU POURRI ?
J'AVOUE, C'EST TROP CLAQUÉ ICI.
RH RHR HHRRRH...
GASPARD ?!
WOOUHOU ?!

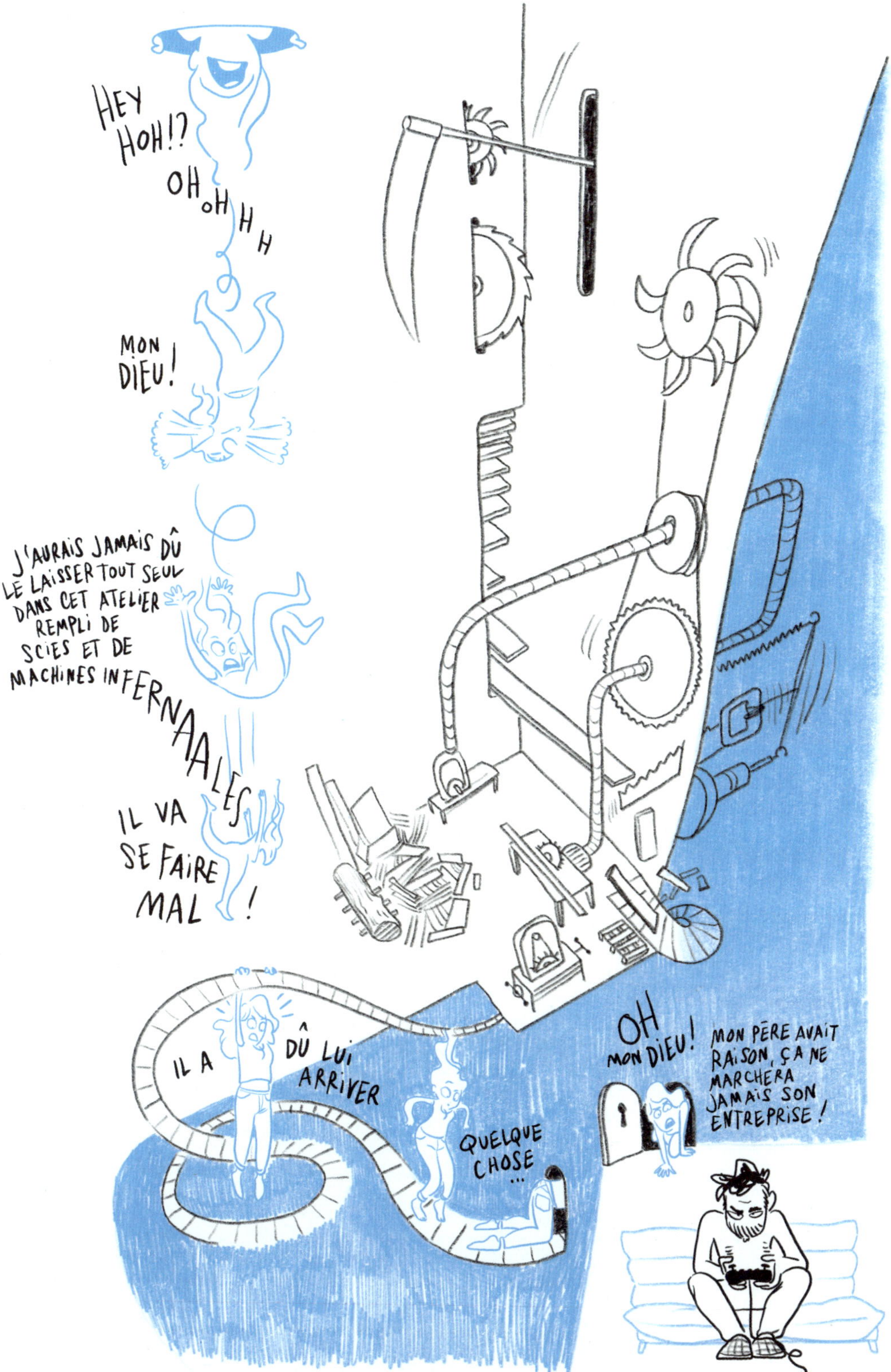
HEY HOH!?
OHoHHH
MON DIEU!
J'AURAIS JAMAIS DÛ LE LAISSER TOUT SEUL DANS CET ATELIER REMPLI DE SCIES ET DE MACHINES INFERNAALES
IL VA SE FAIRE MAL!
IL A DÛ LUI ARRIVER QUELQUE CHOSE...
OH MON DIEU!
MON PÈRE AVAIT RAISON, ÇA NE MARCHERA JAMAIS SON ENTREPRISE!

MAIS ON A QUAND MÊME FINI
PAR FAIRE NOS BAGAGES...

ET POURQUOI?
POUR QUE VOUS SOYEZ HEUREUX À CÔTÉ DE PAPI, MAMIE, LES COUSINS... MÉMÉ 2...
JOUJOUS
ET POURQUOI ?
PARCE QUE C'EST BIEN DE PASSER DU TEMPS ET DE PARTAGER PLEIN DE CHOSES AVEC CEUX QU'ON AIME.
ET POURQUOI ?
GUILI
GUILI
GUILI

BONNE CHANCE
DANS VOTRE
NOUVELLE VIE.
...
GNEH
ARVOIR MAIZON
ROUTES DE FRANCE
EX - O - DUS
MOUV
MENT
OF
JAH PI - PÔL

OH OH
YEAH
!
UH, OPEN YOUR EYES
AND LOOK WITHIN
ARE YOU SATISFIED
WITH THE LIFE YOU'RE LIVING?
WE KNOW WHERE WE'RE GOING
WE KNOW WHERE WE'RE FROM
WE'RE LEAVING
BABYLON
WE'RE GOING TO

MY GRAND-FATHER'S LAND

EN NOUS INSTALLANT DANS LA MAISON LAISSÉE PAR MES GRANDS-PARENTS,
TOUT ÉTAIT À LA FOIS ARCHI-CONNU
ET COMPLÈTEMENT NOUVEAU.
OUF
BAM
QU'EST-CE QU'IL FAIT LÀ CE FAUTEUIL ?!

?!
MON PAPI C'EST LE PLUS FORT
MON PAPI C'EST LE PLUS FORT
IL VA VRAIMENT FALLOIR FAIRE DU TRI DANS LES AFFAIRES DE MES GRANDS-PARENTS SI ON VEUT S'APPROPRIER CETTE MAISON...

BON... SINON
IGN

J'AI TOUT CHRONOMÉTRÉ.

DÉJÀ, IL NOUS FAUT 5 MIN. POUR ALLER VOIR MÉMÉ Z À LA MAISON DE RETRAITE.
DIS SIRI : OUVRE "THE PARCOURS".
FROUT
FROUT
FROUT
TBL
AVEC
PLAISIR
...
ZEUPARCOURS
NOUS, ON EST LÀ !
23 MIN.
POUR ALLER CHEZ MES PARENTS
POUR "DÉPOSER" LES ENFANTS
FILER AU CINÉ
52 MIN.
POUR ALLER CHEZ MA COUSINE
1H45
POUR S'INSTALLER CHEZ TES PARENTS POUR LE TEMPS D'UN WEEK-END
ZZZZ
ET LE TEMPS QU'IL TE FAUT POUR ALLER À TON BUREAU...
YOUPI !!
... À L'ÉTAGE, TU L'AS CALCULÉ AUSSI ?
MON PAPI C'EST LE PLUS FORT
BING
(AÏE)
GNAGNAGNA
RABAT-JOIE

ET PUIS LA VIE A
REPRIS SON COURS...

CRAC
CRAC
JE SAIS!
AUJOURD'HUI, JE ME LANCE DANS LA CÉRAMIQUE!

J'EN AI TOUJOURS RÊVÉ!
JE TRAVAILLERAI À MON PROJET DEMAIN...
BOH...
... SINON, IL FAIT UN TEMPS MAGNIFIQUE...
...J'AVOUE
Hi Hi Hi JE VAIS PLUTÔT ALLER MARCHER.

MES GRANDS-PARENTS NE CONSIDÉRAIENT PAS LA MARCHE COMME UNE ACTIVITÉ AGRÉABLE.

ILS AVAIENT TELLEMENT DÛ MARCHER, JEUNES. POUR ALLER À L'ÉCOLE, À TRAVERS CHAMPS.

ET POURTANT, C'EST COMME SI
J'ÉTAIS DE RETOUR, CHEZ MOI.
EST-CE QUE CE SENTIMENT
SERA TOUJOURS LÀ PENDANT
LES TRISTES JOURS DE PLUIE ?

7:30
8:30
9: 12
10:30
BON, AUJOURD'HUI, J'ÉCRIS CE FAMEUX LIVRE POUR ENFANTS.
NON, IL FAUDRAIT D'ABORD QUE J'AVANCE SUR MON PROJET.
VOTRE PROFIL A ÉTÉ VU PAR:
BLABLABLACOMMERCE BLABLA BLA BLABLABL
BLA BLABLA
BLABLA
BLA
BLA
BLA...
OU ALORS, JE POURRAIS ÉCRIRE AUX ÉCOLES DE COMMERCE DU COIN POUR DONNER DES COURS.
Gioogloo
12:47
ÇA POURRAIT ÊTRE SYMPA...

PAF!
D'APRÈS MON EXPERT-COMPTABLE, IL VAUDRAIT MIEUX QUE JE CRÉE MON ENTREPRISE EN EURL PLUTÔT QU'EN SASU PARCE QUE JE PAIERAIS MOINS DE CHARGES SOCIALES, MAIS J'AURAIS PLUS DROIT AU CHÔMAGE, ALORS ÇA SE DISCUTE.
SINON, J'AI :
_ 3 DEVIS D'ASSUREURS
_ 5 LOCAUX À VISITER
_ 2 RENDEZ-VOUS AVEC DES BANQUIERS
_ 1 FORMATION À LA CHAMBRE DES MÉTIERS ET DE L'ARTISANAT DEMAIN
ET
_ 1 DOSSIER DE DEMANDE DE SUBVENTION À COMPLÉTER POUR VENDREDI.
IL SEMBLERAIT QUE DANS L'AVENTURE DE L'ENTREPRENEURIAT, IL EXISTE DIFFÉRENTES MÉTHODES...
AH!? TU CROIS QUE LA SASU SERAIT QUAND MÊME LA PLUS ADAPTÉE?
ET PEUT-ÊTRE QUE JE DEVRAIS DEMANDER UN QUATRIÈME DEVIS POUR MES ASSURANCES.
TU CROIS PAS?

BON! ALLEZ! JE M'INSCRIS SUR CETTE PLATEFORME EN TANT QUE "RÉDACTRICE DE CONTENU". ÇA ME PERMETTRA DE TRAVAILLER UN PEU EN ATTENDANT DE MONTER MON PROJET.
OU ALORS, COMME CHEF DE PROJET ÉVÉNEMENTIEL...
OU PLUTÔT MANAGEMENT DE PROJETS CULTURELS...
GN GNGRRR
MÊME POUR UNE CHOSE AUSSI SIMPLE, JE NE SAIS PLUS OÙ J'EN SUIS.
PAF

16 :30

IL ME RESTE COMBIEN DE MOIS DE CHÔMAGE ? 1, 2, ...
?
C'EST QUOI ÇA ?
... 3 ... MH... J'AVAIS POURTANT DEMANDÉ À MAMAN D'EMPORTER CET ALBUM PHOTO.
L'HEURE ÉTAIT VENUE DE LUI RACONTER L'HISTOIRE FAMILIALE.
QUAND MON PÉPÉ RAYMOND ET MÉMÉ GILBERTE SE SONT MARIÉS, ILS AVAIENT 21 ANS...
OH... ILS SONT TOUT BEAUX !
ILS SE SONT RENCONTRÉS AU BAL, À QUELQUES KILOMÈTRES DE NOTRE NOUVELLE MAISON.
MA MÉMÉ ÉTAIT ACCOMPAGNÉE DE SA SOEUR ET SA MÈRE

ILS SONT DEVENUS SES PARENTS ET SES FRÈRES ET SŒURS, SA FAMILLE DE CŒUR, QUI A VEILLÉ SUR ELLE ET QUI VEILLE ENCORE SUR NOUS.

MON PÉPÉ ÉTAIT COUVREUR.

IL AVAIT GRANDI DANS UNE FRATRIE DE 10 ENFANTS.

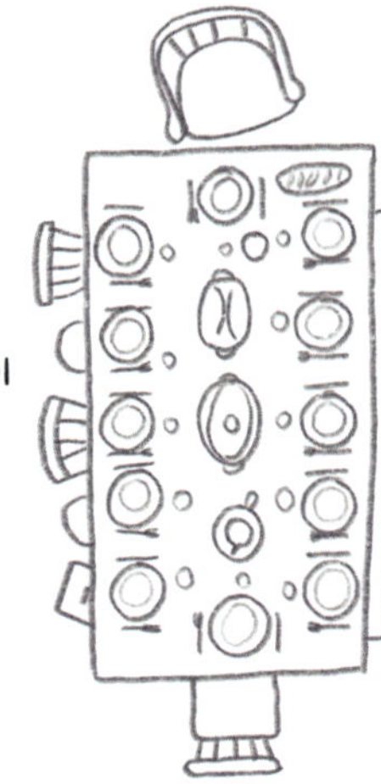

SES PARENTS ÉTAIENT MÉTAYERS

ET ILS L'ONT ENVOYÉ TRAVAILLER DÈS QUE POSSIBLE.

POUR SON SERVICE MILITAIRE, MON PÉPÉ EST PARTI EN ALGÉRIE, PENDANT LES «ÉVÉNEMENTS».

IL ÉTAIT MONITEUR DE CONDUITE POUR LES NOUVEAUX SOLDATS FRANÇAIS QUI ARRIVAIENT SUR LE TERRITOIRE.

QUAND ON LUI DEMANDAIT DE NOUS PARLER DE CETTE ÉPOQUE, IL OBTEMPÉRAIT MAIS LES LARMES LUI MONTAIENT AUX YEUX ET MA MÉMÉ SE METTAIT EN COLÈRE.

C'É-TAIT TOUT JUSTE A-PRÈS LA GUERRE DANS UN P'TIT BAL QU'A-VAIT SOU-FERT
SUR U-NE PISTE DE MI-SÈRE
Y EN A-VAIT DEUX À DÉ-COU-VERT
ILS SE SONT RETROUVÉS RÉGULIÈREMENT AU BAL,
ET PUIS ILS SE SONT MARIÉS.
Salon de Thé
OUVERT
À 23 ANS, AVEC UN BÉBÉ DE MOINS D'UN AN, MA MÉMÉ A PRIS LA GÉRANCE DU SALON DE THÉ PRINCIPAL DE LA VILLE, QUI DONNAIT SUR LE PARC THERMAL. QUAND ELLE PARLAIT DE CETTE ÉPOQUE, ELLE DISAIT :
"ALORS LÀ, ON A BOSSÉ, HEIN"
WOAH...
CETTE MAISON EST LE RÉSULTAT DE TOUTE LEUR VIE DE LABEUR. ILS N'ONT PU L'ACHETER QU'À LEUR DÉPART À LA RETRAITE.
ET TOI, T'ES À LA RETRAITE ?
ILS SERAIENT TELLEMENT HEUREUX DE SAVOIR QUE NOUS Y SOMMES MAINTENANT TOUS LES QUATRE POUR UN NOUVEAU DÉPART.

RACONTER CETTE HISTOIRE À MA FILLE M'A
PERMIS DE PRENDRE UN PEU DE RECUL ; ÇA
LES FERAIT BIEN RIRE, PÉPÉ RAYMOND ET
MÉMÉ GILBERTE, DE ME VOIR EMPÊTRÉE DANS
TOUTES MES QUESTIONS EXISTENTIELLES...
JE CROIS QU'IL EST TEMPS DE SE METTRE
VRAIMENT AU TRAVAIL ET DE SUIVRE LA VOIE
QUE JE ME SUIS FIXÉE !

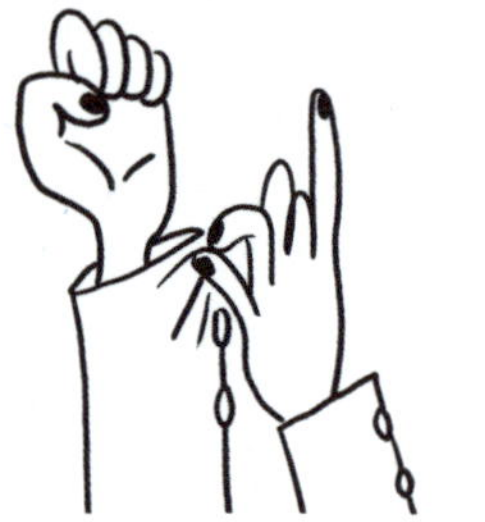

J'AI DONC DÉCIDÉ D'ALLER RENCONTRER DU MONDE,

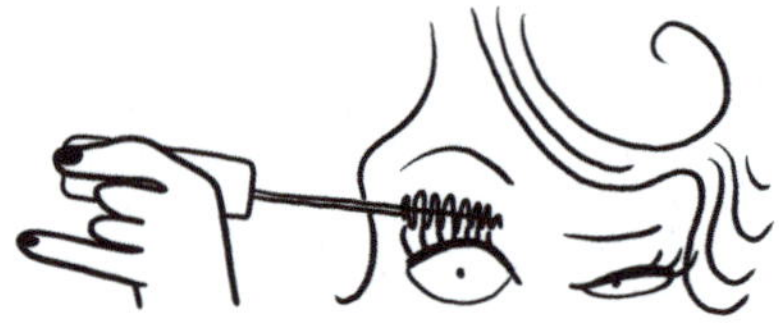

RECUEILLIR DES AVIS,

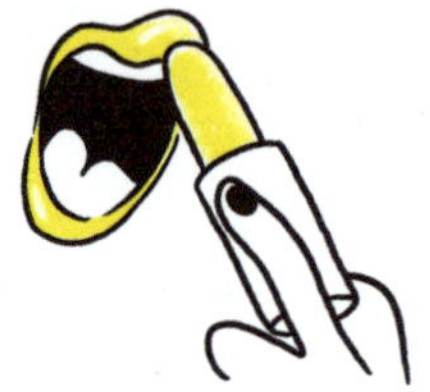

SENTIR L'ENVIRONNEMENT,

L'AMBIANCE,

VOIR L'ACCUEIL QUI SERAIT RÉSERVÉ À MON PROJET.

AVEC PLUS OU MOINS DE SUCCÈS...

JE PENSAIS QU'À LA PREMIÈRE PRÉSENTATION DE MON PROJET,

MON ASSOCIÉ(E) IDÉAL(E) ACCOURRAIT IMMÉDIATEMENT POUR ME SAUTER DANS LES BRAS ;

QU'UN MENTOR AYANT DÉJÀ MONTÉ 10 SOCIÉTÉS ME SERRERAIT LA MAIN AVANT DE ME DONNER LE MODE D'EMPLOI PRÉCIS DES ÉTAPES À VENIR.

MAIS ÇA NE S'EST PAS VRAIMENT PASSÉ COMME ÇA.

J'AI ENFIN COMPRIS CE QUE LES GENS VOULAIENT DIRE PAR « QUAND ON ENTREPREND, ON EST SEUL ! ».

PARFOIS, MA FOI EN L'HUMANITÉ VACILLAIT...

*La médiation animale vise à mettre en contact un animal avec une personne fragilisée, avec l'aide d'un intermédiaire.

APRÈS DE LONGS MOIS D'ERRANCE, LES ÉVÉNEMENTS SE SONT ACCÉLÉRÉS ET LE LENDEMAIN, MARTINE MA BONNE FÉE A FAIT UNE ENTRÉE FRACASSANTE DANS CETTE AVENTURE.
ALLÔ, ADÈLE? C'EST MARTINE! MÉMÉ Z M'A DONNÉ TON 06...
...C'EST SUPER TON PROJET! J'Y CROIS À FOND!
SI J'AI BIEN COMPRIS, TU CHERCHES UN LOCAL POUR INSTALLER TON CAFÉ-ÉPICERIE ?
ALORS, VIENS CE SOIR À CETTE RÉUNION.
JE NE SAIS PAS TROP CE QUE C'EST... MAIS JE SUIS SÛRE QUE ÇA SERA UTILE!
POUFF
À TOUT'
Nouveau Contact
Martine copine de Mémé Z
(J'AI ACCEPTÉ BIEN VOLONTIERS)

BIENVENUE
JE SUIS COUTURIÈRE, JE PARTAGE MON ATELIER AVEC UN PEINTRE. PARFOIS ON ORGANISE DES SOIRÉES JEUX OU DES ATELIERS DÉCOUVERTE DE LA SCULPTURE. IL FAUDRA QUE TU VIENNES !
MON MARI ADORE JOUER DE L'ACCORDÉON. IL POURRA JOUER CHEZ VOUS QUAND VOUS AUREZ OUVERT VOTRE RESTAURANT !
J'AI UNE ÉPICERIE ZÉRO DÉCHET EN VILLE. JE VOUDRAIS M'AGRANDIR ET FAIRE DES ATELIERS ZÉRO DÉCHET. ON POURRAIT PARTAGER UN LOCAL ?
JE SUIS PRÉSIDENT DE L'ASSOCIATION DES COMMERÇANTS.
JE SUIS AGENT IMMOBILIER. JE PEUX VOUS PARLER DU MARCHÉ IMMOBILIER LOCAL SI VOUS VOULEZ.
ET CETTE DISCUSSION...

... M'A EFFECTIVEMENT OUVERT LES YEUX.

QU'EST-CE QUE TU VEUX QUE JE LUI DISE MOI À TA COMPTABLE?
TU SAIS BIEN QUE LES CHIFFRES C'EST PAS MON FORT.
BEN JUSTEMENT, C'EST POUR ÇA QU'ELLE EST LÀ.
PRÉPARE TON ÉTUDE DE MARCHÉ. REGARDE:
– LA COMPOSITION DE LA POPULATION
– LES CONCURRENTS
– LEURS POINTS FORTS ET LEURS FAIBLESSES
ET IMAGINE PRÉCISÉMENT TOUT CE QUE TU POURRAIS PROPOSER DANS TON LIEU DE RÊVE, ET TOUT CE QUE TU POURRAIS VENDRE À TES CLIENTS, MAIS AUSSI... JE SAIS PAS MOI...
– AUX ÉCOLES
– À LA VILLE
– AUX ENTREPRISES...
J'AI SUIVI SES CONSEILS...

... ET JE ME SUIS ENFERMÉE DES JOURNÉES ENTIÈRES
AVEC DES STATISTIQUES,
WWWOUT...
DES PRIX ENVISAGÉS POUR MON CAFÉ-ÉPICERIE.
L'ÉLABORATION DU PROGRAMME D'ACTIVITÉ,

LES AVIS TRIPADVISOR DE
MES POTENTIELS FUTURS
CONCURRENTS
ET LA CARTE.

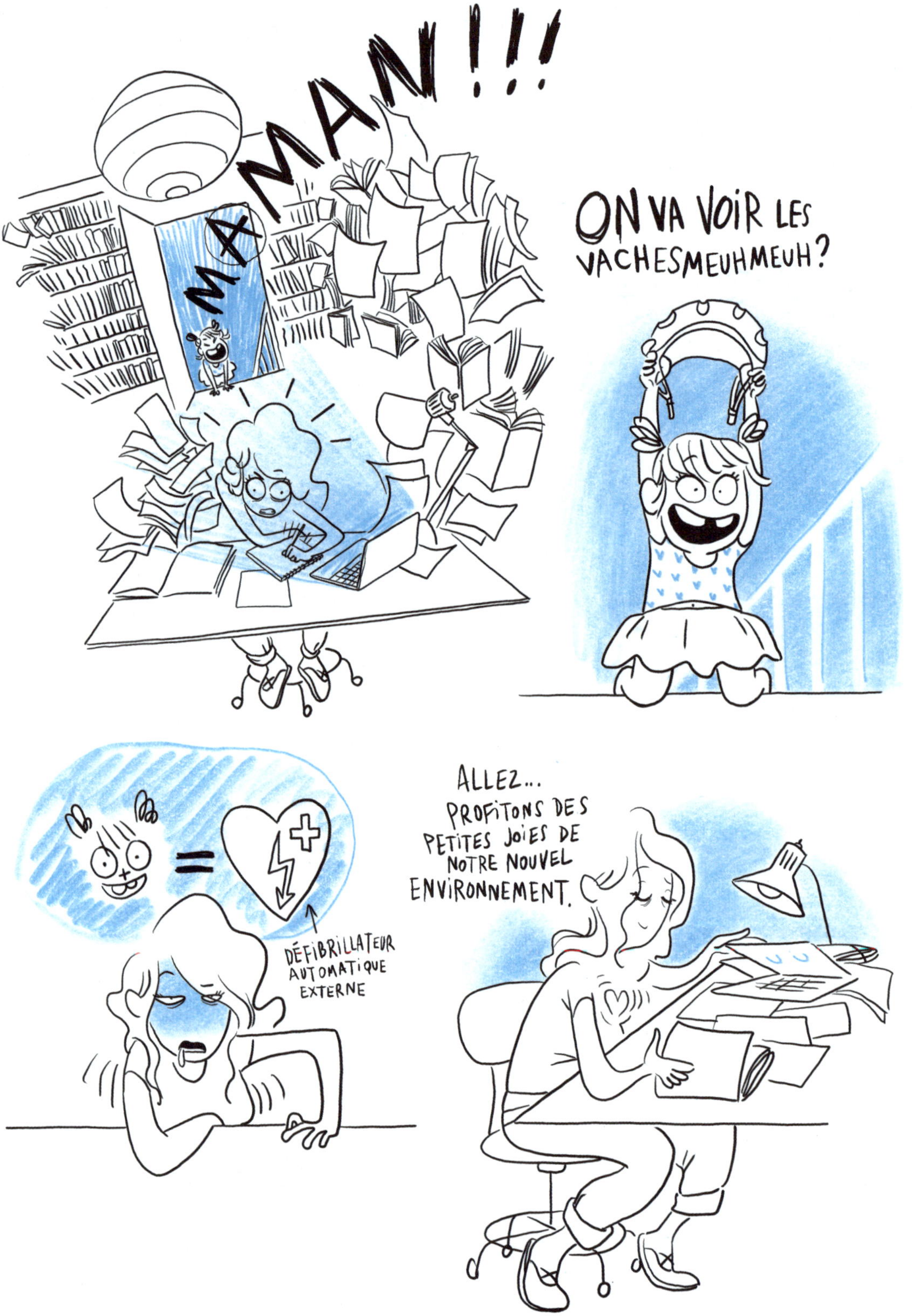
MAMAN !!!
ON VA VOIR LES VACHESMEUHMEUH ?
DÉFIBRILLATEUR AUTOMATIQUE EXTERNE
ALLEZ... PROFITONS DES PETITES JOIES DE NOTRE NOUVEL ENVIRONNEMENT.

JE REPRENDRAI TOUT ÇA QUAND VOUS FEREZ DODO.
NON ! PAS DODOOOOOO ! VACHES MEUHMEUH
VI-
AVANTI ! C'EST PARTI POUR NOTRE VISITE HEBDOMADAIRE AUX PLUS BELLES CHAROLAISES QUE VOUS AYEZ JAMAIS VUES ! VERS L'INFINI ET AU-DELÀ !
ON VA PAS VOIR LES VACHES ?!

MAIS LE SOIR, DERRIÈRE SON STOÏCISME APPARENT, GASPARD EXPÉRIMENTAIT SES PREMIÈRES DIFFICULTÉS DE MENUISIER INDÉPENDANT.

PERSONNE NE VA VOULOIR ME L'ACHETER.
TU CROIS QUE JE PEUX
LA FABRIQUER EN 2 JOURS AU LIEU DE 3 ?
J'AI JAMAIS FAIT DE BIBLIOTHÈQUE
MOI !
J'AI PEUT-ÊTRE FAIT LA PLUS GROSSE ERRREUR DE MA VIE !!!
EN ME LANÇANT
TOUT DE SUITE À MON COMPTE DANS UN BOULOT QUE J'AI JAMAIS FAIT.
JE PRENDS UN OU DEUX SEAUX DE COLLE ?
HUM
CLIC
JE CROIS QU'IL EST GRAND TEMPS DE SORTIR LA TISANE "BONNE NUIT" DE MÉMÉ GILBERTE
ET DE REGARDER S'IL NE RESTE PAS UN POT DE GLACE DANS LE CONGEL !
peace mémé

HISTOIRE DE NOUS CHANGER LES IDÉES,
NOUS AVONS INVITÉ DES AMIS À DÎNER.

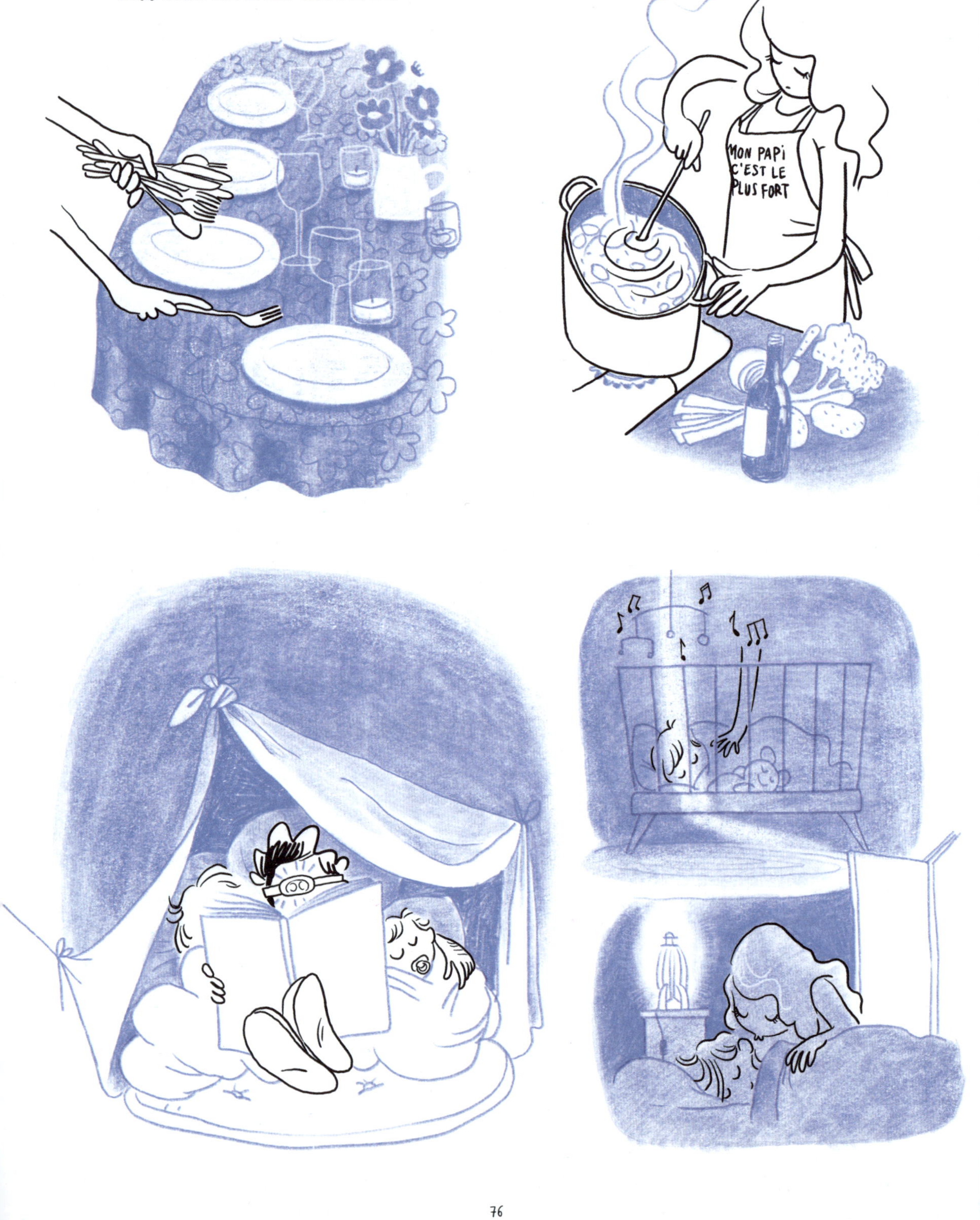

* Le mot "doula" désigne aujourd'hui une femme qui a pour vocation d'aider une autre femme et son entourage pendant la grossesse, l'accouchement et la période postnatale, grâce à son expérience et à sa formation.

MAISON DE RETRAITE
QUAND JE RACONTE ÇA À MÉMÉ Z,
QUI A FAIT TOUTE SA VIE UN BOULOT QU'ELLE AIMAIT BIEN MAIS DONT ELLE AURAIT BIEN VOULU CHANGER,
SANS JAMAIS LE FAIRE,
MA COCOTTE CHÉRIE !
JE ME HEURTE À UNE VÉRITABLE INCOMPRÉHENSION.
MAIS SI TOUT LE MONDE SE MET À PRENDRE UN CONGÉ SABBATIQUE POUR FAIRE LE TOUR DU MONDE À VÉLO...

... OU SE CONSACRER À SA PASSION POUR LA CÉRAMIQUE !
C'EST À QUI CE TRUC ?!
PAF
COMMENT LA SOCIÉTÉ VA POUVOIR FONCTIONNER ?!
MÉMÉ Z ! LA SOCIÉTÉ, ELLE FONCTIONNE DÉJÀ PLUS !
BAM
FRTRTRTR
CE QUI T'A PERMIS À TOI DE TENIR LE COUP, C'ÉTAIT DE VOIR TES REVENUS AUGMENTER TOUT AU LONG DE TA CARRIÈRE... ET TON NIVEAU DE VIE AVEC !
NOUS, AU BOUT DE 10 ANS DE TRAVAIL ET QUELQUES CHANGEMENTS DE POSTE DUS À LA PRÉCARITÉ DE NOS CONTRATS
... DE CADRES POURTANT !
ON GAGNE 30% DE MOINS QU'EN DÉBUT DE CARRIÈRE.
ALORS POURQUOI RESTER LÀ SANS BOUGER À S'ENNUYER ?

SAUF QUE LA SOCIÉTÉ, ET CEUX QUI EN DÉTIENNENT LES CLÉS, SONT RESTÉS ANCRÉS DANS LA PHILOSOPHIE D'« AVANT ».
TIENS !
AU LIEU DE DIRE DES ÂNERIES !
REGARDE UN PEU CETTE OFFRE D'EMPLOI QUE J'AI TROUVÉE.
ÇA SERAIT PAS SUPER ÇA POUR TOI MA COCOTTE !?
AU LIEU DE RESTER SEULE À LA MAISON DES SEMAINES ENTIÈRES.
TAP TAP
C'EST PAS DE TON ÂGE DE TRAÎNER COMME ÇA !

ON NE TE DEMANDE PAS D'ARRÊTER TON PROJET
QUI EST SUPER ! VRAIMENT
MAIS LÀ QUAND MÊME, AVEC GASPARD QUI SE LANCE À SON COMPTE, CE SERAIT PAS PLUS RAISONNABLE ?
ET PUIS, SI ÇA SE TROUVE TU T'Y PLAIRAS DANS CE POSTE !
AVEC TES DEUX ENFANTS EN BAS ÂGE, CROIS-MOI ...
UN PROJET COMME LE TIEN EST BIEN TROP CHRONOPHAGE.
TU SOUFFRIRAS DE NE PLUS LES VOIR ASSEZ !
ET VOILÀ, LE DOUTE ÉTAIT DE RETOUR. ET AVEC LUI LES MONTAGNES RUSSES. TOUT LE MONDE Y ALLAIT DE SON CONSEIL BIENVEILLANT.

ET PLUS MON ENTOURAGE ÉTAIT BIENVEILLANT, PLUS J'ÉTAIS REMONTÉE.
HAN ! NON NON, FAUT PAS DU TOUT QUE TU FASSES COMME ÇA !
OUAIS ! BLA BLA MOI JE BLA BLA BLA ET AUSSI BLIBLABLU MON EXPÉRIENCE...
JE NE VOUDRAIS PAS VOUS DÉCOURAGER MAIS VOUS DEVRIEZ PLUTÔT OPTER POUR UN CHOIX PLUS RAISONNABLE.
TU DEVRAIS FAIRE BLA BLA BLA
TU AS PENSÉ À ÇA ?
ÇA NE SERAIT PAS PLUS PRUDENT SI BLA BLA BLA...

FOKEUH YAKAH !
TU DEVRAIS ESSAYER, ÇA SERAIT PLUS RASSURANT.
OUAIS ! C'EST UNE BONNE IDÉE.
SI J'ÉTAIS TOI BLA BLA BLA...
JE SUIS UN PEU DE L'AVIS DE MÉMÉ Z ;
PEUT-ÊTRE QUE TU AURAIS INTÉRÊT À BLA BLA BLA ...

ALORS VOILÀ ! C'EST ÇA D'ÊTRE UNE FEMME AU XXIe SIÈCLE ?!
KAH BAM
C'EST-À-DIRE ÊTRE DISPONIBLE TOUS LES JOURS POUR EMMENER SA FILLE À L'ÉCOLE À 8H30 ET ALLER LA CHERCHER À 11H30
PUISQUE SELON LA MAÎTRESSE :
"À 3 ANS VOUS SAVEZ C'EST TROP LONG D'ALLER À L'ÉCOLE + CANTINE + GARDERIE."
CE QUI LAISSE :
3H × 4J SOIT = 12H
PAR SEMAINE POUR S'ÉPANOUIR DANS SA VIE PROFESSIONNELLE ÉCONOMIQUE CHÉPAKOI !
AH OUI BIEN SÛR
IL FAUT AUSSI
TRAVAILLER ET RÉUSSIR SA CARRIÈRE À L'ÉGAL D'UN HOMME
QU'ON NE CULPABILISE PAS, LUI...
DE TRAVAILLER DE 8H À 18H 5J / SEMAINE.
NO NO NO
ALORS LA BONNE SOLUTION...
C'EST BIEN ÉVIDEMMENT DE TROUVER UN JOB
É-PA-NOU-I-SSANT
QUI A DU SENS
BIEN PAYÉ !

PARCE QU'IL FAUT BIEN POUVOIR SE PAYER LES SERVICES D'UNE NOUNOU POUR S'OCCUPER DE NOS ENFANTS PENDANT LES 23 HEURES OUVRÉES OÙ ILS NE SONT PAS À L'ÉCOLE !!
TU NE DRAMATISES PAS UN TOUT PETIT PEU LÀ ?
PEUT-ÊTRE...
MAIS... J'AI PEUR QU'ILS AIENT RAISON !
PRENDRE CET EMPLOI SERAIT CERTAINEMENT LE PLUS RAISONNABLE ET LE PLUS RASSURANT...
MAIS AUSSI... J'AI PEUR DE RENONCER !
TOUTE CETTE ÉNERGIE, TOUTES CES RENCONTRES TOUS CES RÊVES ET...
PFFFiou !
NON ! LE PIRE... JE VAIS TE DIRE,
ÇA SERAIT
KABOUM DE ME PLANTER !
ET DE DEVOIR RECONNAÎTRE EN PLUS QU'ILS AVAIENT RAISON !
COMME DISAIT MA GRAND-MÈRE :
LA PEUR N'ÉVITE PAS LE DANGER
AH BEN, ON VA ALLER LOIN AVEC LES PROVERBES DE TA GRAND-MÈRE !
Martine
cop's Mémé 2

ALORS !? C'EST QUAND TON INAUGURATION ? ON VOUDRAIT BIEN GUINCHER AVEC LES COPINES !
C'ÉTAIT BIEN CETTE RÉUNION L'AUTRE JOUR ?!
...
J'AI PAS TROP LE TEMPS DE DISCUTER, JE SUIS PRESSÉE... MAIS LÂCHE RIEN !!! MES COPINES ET MOI, ON EST PRÊTES À VENIR SE RÉGALER CHEZ TOI !...
BISOU

FINALEMENT, IL NE ME FALLAIT
RIEN DE PLUS POUR REPRENDRE
DU POIL DE LA BÊTE.

WOKETY POKETY WOKETY WOK
ABRACABRACABRANACK
HIGITUS FIGITUS MIGITUS WOUM
PRESTIDIGITOR IOUM

tarte au citron
MENUS
Recettes
Menu
AVEC MA MONTAGNE DE GRIBOUILLIS ET DES ESSAIS DE CARTES DESSINÉES À LA MAIN, JE SUIS ALLÉE DANS L'ANTRE DES CHIFFRES, RENCONTRER MA FUTURE COMPTABLE.

SUPER IDÉE VOTRE PROJET J'AIME BEAUCOUP!
ÇA FERA DU BIEN DANS LE COIN, ICI IL N'Y A QUE DES CHAÎNES DE RESTAURATION ET ON EN A MARRE!
TAP
TAP
VOUS FEREZ DES TARTES AU CITRON MERINGUÉES?
MHHH
J'ADOOORE LA TARTE AU CITRON MERINGUÉE
...
EN REVANCHE, LÀ QUESTION CHIFFRES ON EST UN PEU JUSTE. VOTRE PROJET NE TIENDRA PAS SOUS CETTE FORME.
IL FAUT SOIT
_TROUVER D'AUTRES SOURCES DE CHIFFRE D'AFFAIRES
_DIMINUER LES CHARGES...
URSSAF
BILAN
2020
TVA

SANS LE SAVOIR, LA COMPTABLE AVAIT RÉACTIVÉ DOUTES, PEURS ET MANQUE DE CONFIANCE EN MOI.

... ON POURRAIT SE RETROUVER SANS RIEN !
2" EASY
ADÈLE ?!
COMMENT VAS-TU ?
ÇA ME FAIT PLAISIR DE TE REVOIR.
AH OUAIS ! C'EST CHOUETTE !
JE ME SUIS INSCRITE À UN PARCOURS D'ACCOMPAGNEMENT POUR LES ENTREPRENEURS SOCIAUX LA SEMAINE PROCHAINE,
ÇA NE TE DIRAIT PAS DE VENIR AVEC MOI ?
...

J'AI SUIVI DES JOURNÉES DE FORMATION, BÉNÉFICIÉ D'ENTRETIENS DE CONSEIL INDIVIDUELS, COMPLÉTÉ DES QUESTIONNAIRES ET DES TABLEAUX. ÇA A PARFOIS ÉTÉ DOULOUREUX...
FINALEMENT, POURQUOI CHERCHEZ-VOUS À MONTER CE PROJET ?
VOUS PENSEZ QUE VOUS EN ÊTES CAPABLE ?
COCHEZ LA BONNE RÉPONSE
C'EST QUOI VOTRE VALEUR AJOUTÉE ?

POURQUOI LES GENS SERAIENT-ILS PRÊTS À PAYER POUR VENIR CHEZ VOUS ?
ET PUIS D'ABORD, QUI SONT LES GENS QUI VIENDRAIENT CHEZ VOUS ?
COMMENT ALLEZ-VOUS DÉGAGER UN SALAIRE ?
MAIS À FORCE DE REMISES EN QUESTION, DE DISCUSSIONS ET DE TRAVAIL, TOUTES LES PETITES BRIQUES QUI TRAÎNAIENT DANS DIFFÉRENTS COINS DE MA TÊTE DEPUIS 4 ANS ONT FINI PAR S'ORDONNER ET TROUVER CHACUNE LEUR PLACE.

LA BANK
ON N'EST PAS BANKIER SANS RAISON
UN CAFÉ-ÉPICERIE AMBULANT ?! MAIS J'AI JAMAIS VU ÇA !
VOUS AURIEZ DEMANDÉ LA MÊME SOMME MAIS POUR ACHETER UNE VOITURE, ÇA N'AURAIT PAS POSÉ DE PROBLÈME, MAIS LÀ...
JE NE VOIS PAS CE QUE JE PEUX FAIRE.
...

SÉSAME
OUVRE-TOI
VOTRE PRÉVISIONNEL SUR TROIS ANS EST TRÈS BIEN FAIT.
VOUS SUCREZ ?
OUI MERCI
MAIS ÇA NE M'ÉTONNE PAS,
VOUS AVEZ CHOISI UNE EXCELLENTE COMPTABLE ET JE CONSIDÈRE
QU'ON PEUT FAIRE DIRE UN PEU TOUT CE QU'ON VEUT AUX CHIFFRES.
NON,
CE QUI M'INTÉRESSE, C'EST VOUS. SI JE DÉCIDE DE VOUS FINANCER, C'EST SUR VOUS QUE JE PARIE,
ALORS...
RACONTEZ-MOI TOUTE L'AVENTURE DEPUIS LE DÉBUT.
HHH

* patois local signifiant prendre les virages à pleine vitesse

TU VAS FAIRE UN TRUC SUPER ! J'EN SUIS SÛRE ! CIAO !
MH, CIAO... MERCI MARTINE

RANGEMENTS
ÉVIER
ÉTAGÈRES
COMPTOIR HAYON OUVERT
Élec
eau
FRIGO
PLAN DE TRAVAIL
ÉTAGÈRES
MACHINE À CAFÉ
DONC J'INSTALLE LE FRIGO ICI.
JE STOCKE LE SEC DANS DES POTS EN VERRE LÀ.
TIENS, TU POURRAIS ME FAIRE UNE PETITE ÉTAGÈRE LÀ, POUR MAINTENIR...
QUOI ?
C'EST SUPER TOUT CE QUE TU FAIS.
MAIS QUOI ?!
MAIS J'AIMERAIS T'AIDER PLUS ET JE N'EN TROUVE PAS LE TEMPS.
J'AI L'IMPRESSION D'ÊTRE PRISONNIER DE MA NOUVELLE SITUATION.
JE PENSAIS QU'EN ÉTANT À MON COMPTE, JE POURRAIS FAIRE MES PROPRES CHOIX ET MAÎTRISER MON EMPLOI DU TEMPS.
PASSER PLUS DE TEMPS AVEC VOUS TROIS
MAIS J'AI L'IMPRESSION D'ÊTRE TOUJOURS EN TRAIN DE BOSSER !

JE PARS TÔT LE MATIN.
JE COURS TOUTE LA JOURNÉE.
JE FAIS DES DEVIS LE SOIR APRÈS LE COUCHER DES ENFANTS.
JE SUIS OBLIGÉ DE COURIR APRÈS L'ARGENT ET LES CHANTIERS POUR ASSUMER LES CHARGES DE L'ENTREPRISE.
ALORS QUE JE M'EN FICHE DE L'ARGENT !
MAIS JE PEUX MÊME PAS ME PAYER UN SMIC !
OUI MAIS REGARDE TOUT CE QUE TU AS APPRIS EN 6 MOIS.
TU ES UN VRAI CHEF D'ENTREPRISE.
TON CARNET DE COMMANDES EST PLEIN JUSQU'À L'ÉTÉ, ET TES CLIENTS SONT CONTENTS !
...UNE PETITE TISANE BONNE NUIT ?

BLEU
TONNERRE

F
007 KFE 03

ÇA COMMENCE
À AVOIR DE
LA GUEULE !
Café
Épicerie

J'AI RÉUSSI À DÉNICHER DE VRAIS
TRÉSORS DANS DIFFÉRENTES
CAVERNES D'ALI BABA...

ADÈLE, TE VOILÀ !
HELLO MIREILLE.
MÉMÉ Z M'A DIT L'AUTRE JOUR QUE TU ALLAIS OUVRIR UNE ÉPICERIE AMBULANTE.
ELLE ÉTAIT TELLEMENT FIÈRE !
IL FAUT QUE TU VIENNES VOIR DANS MA REMISE, J'AI GARDÉ TOUT UN TAS DE BAZAR DONT JE NE ME SERS PAS.
TU TROUVERAS PEUT-ÊTRE DES CHOSES QUI T'INTÉRESSERONT.

J'AI AUSSI FAIT LE TOUR DE TOUS LES PRODUCTEURS LOCAUX, POUR ME FOURNIR EN MATIÈRES PREMIÈRES DE QUALITÉ. UNE FOIS ENCORE, J'AI DÉNICHÉ DE VRAIES PERLES.

* faire très chaud

PIS J'AI DES CHOUX
DE TOUTES LES COULEURS
ET DE TOUTES LES FORMES
DES COURGES
ET DES KILOS DE BETTERAVES
J'AI FAIT PAS MAL DE PATATES AUSSI CETTE ANNÉE. ALORS OUI, IL Y EN A QUELQUES-UNES QUI GERMENT,
AH OUAIS
MAIS C'EST SIGNE QU'ELLES SONT EN VIE, ET QU'ON NE LES A PAS ASPERGÉES AVEC CHÉPAKOI !
MAMAN, ON DIRAIT TOI !
GRAT GRAT
JE PEUX PAS TE GARANTIR QUE T'AURAS TOUT CE QUE TU VEUX TOUTES LES SEMAINES,
MAIS JE PEUX GARANTIR...
QUE CE SERA DE VRAIS LÉGUMES D'ICI AVEC DU GOÛT !

Hope
MICRO
BRASSERIE
DU PAYS

VOUS PARLEZ BIEN FRANÇAIS, ÇA FAIT LONGTEMPS QUE VOUS ÊTES INSTALLÉ ICI ?
ABIGAIL, MICROBRASSEUR
Ça va faiwe 20 ans! Ma femme est fwançaise

On a longue temps véciou en Angletewe...
... mais notwe wêve c'était de veniw en AUVEWGNE pouw s'installey comme bwasseuw.
Hope
Toutes nos beers sont fabwiquey dans le wespect de la tweudichion sans pwodeucts transformey.
Elles continiuent de fewmentey dans lews bottles.
BIERE ARTISANALE HOPE VOLCANO FORCE
ne vous étonney pas si vous twouvey une petite dépôt au fond,
C'est sign Qu'elles sont toujouw ALIVE & PAWFIOUMEY !

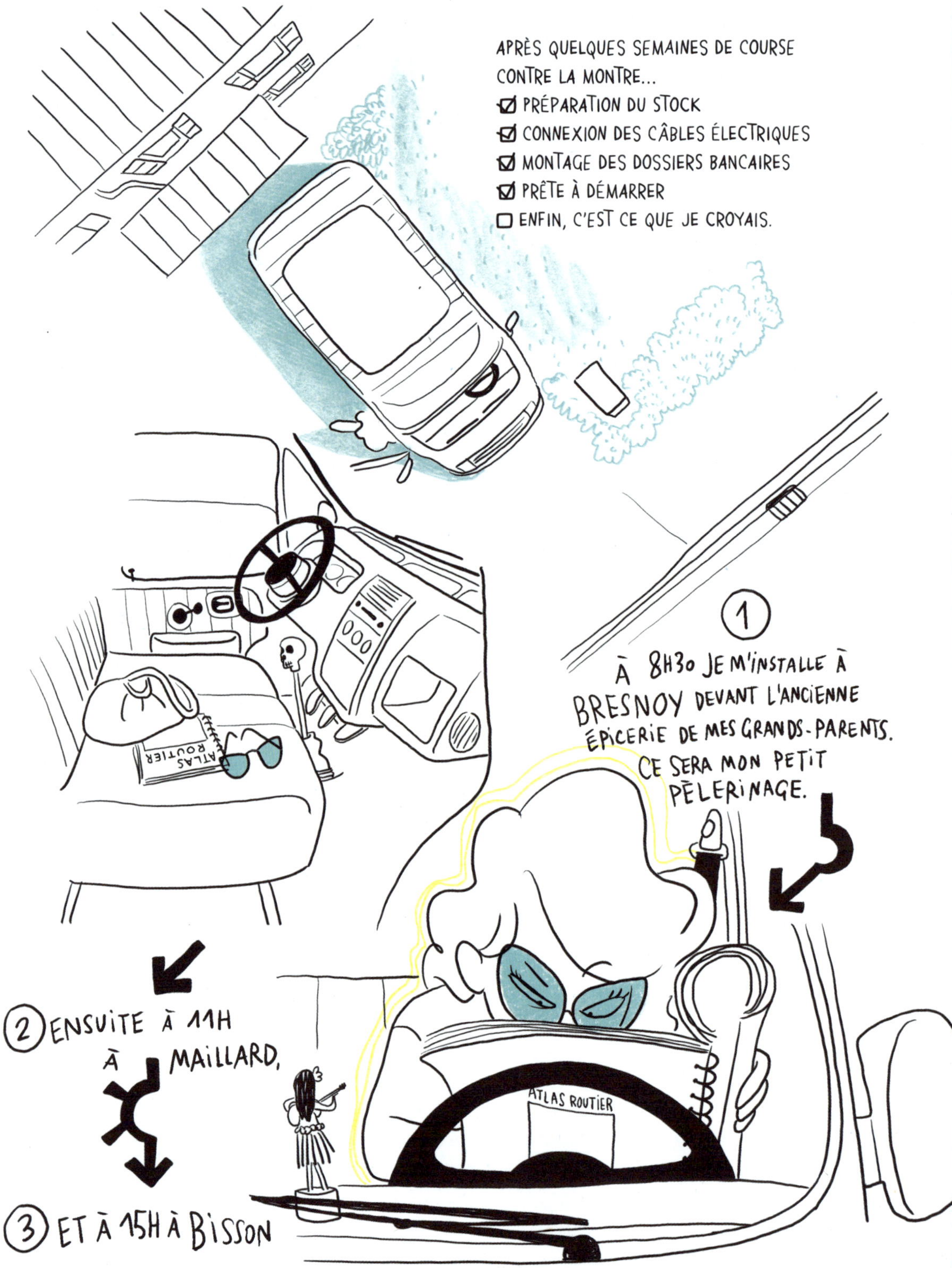

APRÈS QUELQUES SEMAINES DE COURSE CONTRE LA MONTRE...
☑ PRÉPARATION DU STOCK
☑ CONNEXION DES CÂBLES ÉLECTRIQUES
☑ MONTAGE DES DOSSIERS BANCAIRES
☑ PRÊTE À DÉMARRER
☐ ENFIN, C'EST CE QUE JE CROYAIS.
ATLAS ROUTIER
1
À 8H30 JE M'INSTALLE À BRESNOY DEVANT L'ANCIENNE ÉPICERIE DE MES GRANDS-PARENTS. CE SERA MON PETIT PÈLERINAGE.
ATLAS ROUTIER
2 ENSUITE À 11H À MAILLARD,
3 ET À 15H À BISSON

ADÈLE,
TU AS RÉUSSI À INSTALLER L'ÉLEC' DANS TON CAMION,
À ACCOUCHER DE TES 2 ENFANTS
ET À TOUT QUITTER POUR TE JETER DANS CETTE FOLLE AVENTURE
CLIC!
PRESS
ALORS
CE MATIN...
...TU VAS RÉUSSIR À CONDUIRE CE CAMION !!!

SI ON T'ORGANISE
UNE VIE BIEN DIRIGÉE
OÙ TU T'OUBLIERAS VITE...
VRRROUM

SI TU RÉALISES
VVVVRRRRRR
RRRRRRRR
QUE LA VIE N'EST PAS LÀ
QUE LE MATIN TU TE LÈVES
SANS SAVOIR OÙ TU VAS...
RÉSISTE !

J'AI EXPÉRIMENTÉ MES PREMIÈRES JOIES...

AWWWW
BONJOUR MADAME, JE VOUDRAIS DES GÂTEAUX AUX PÉPITES DE CHOCOLAT COMME L'AUTRE JOUR SIOUPLÉ.
ILS ÉTAIENT TROP BONS !
007 KFE 03
RUE DES ECOLES
... MAIS AUSSI MES PREMIÈRES DÉCEPTIONS...

VOUS VENDEZ QUOI DANS VOTRE BAHUT ?
DE QUOI NOURRIR LE CORPS, L'ESPRIT, ET LE COEUR.
GNA GNA GNA, ET SINON ?
JE FAIS DES
_ PÂTISSERIES MAISON
_ DES BOISSONS CHAUDES OU FROIDES
DES PRODUCTEURS DU COIN
Café
ET J'AI AUSSI UNE PARTIE ÉPICERIE POUR TOUS LES PRODUITS DE BASE EN VRAC.
EN QUOI ?!
EN VRAC :
VOUS VENEZ AVEC VOTRE BOCAL EN VERRE OU VOS SACS EN TISSU, ET JE VOUS SERS PAR EXEMPLE DE LA FARINE, DES PÂTES, DES FRUITS SECS... AVEC JUSTE LA QUANTITÉ DONT VOUS AVEZ BESOIN.
PFFFF, C'EST BIEN TROP COMPLIQUÉ POUR MOI. JE LAISSE ÇA AUX BOBOS.
MAIS VOUS EN TROUVEREZ PAS BEAUCOUP DANS LE COIN, HIN HIN HIN

JE VOUDRAIS VOUS PRENDRE DU CHÈVRE FRAIS S'IL VOUS PLAÎT.
DÉSOLÉE, JE N'EN AURAI PAS PENDANT QUELQUES SEMAINES : C'EST LA PÉRIODE DES CHEVREAUX !
EUH OUI ET ALORS ?
JE NE VOIS PAS LE RAPPORT !
EH BIEN, LE PRODUCTEUR GARDE LE LAIT DES MÈRES POUR QU'ELLES NOURRISSENT LEURS PETITS JUSQU'À CE QU'ILS SOIENT SEVRÉS.
IL NE REPRENDRA LA FABRICATION DE FROMAGE QUE DANS QUELQUES SEMAINES.
JE VAIS DIRE QUOI À MON MARI ?
JE VAIS DEVOIR ALLER EN ACHETER À Ô CHAMPS !
DÉJÀ QU'ON SAIT JAMAIS QUAND VOUS SEREZ LÀ OU PAS... ALORS SI ON SAIT PAS NON PLUS CE QU'ON VA TROUVER DANS VOTRE GARGOTTE... ÇA SE COMPLIQUE !
MAIS SI ! TOUS LES LUNDIS MATIN, JE PUBLIE L'ITINÉRAIRE DE MA TOURNÉE SUR FACEBOOK.
BOH ! J'AI DÉJÀ DU MAL À ME SERVIR DE MON TÉLÉPHONE PORTATIF, ALORS VOUS CROYEZ PEUT-ÊTRE QUE JE VAIS ALLER VOUS CHERCHER SUR LE FASSBOUQUE !?

VRRRRR...
Café Épicerie

Café Épicerie
Itinérant
À la une ▾
17 Lun
SAINT-FLUT
S'il n'y a pas de solution, c'est qu'il n'y a pas de problème.
18 Mar
MONT MARTEAU
Je pompe donc je suis.
Arrivage spécial maraîcher du coin !
19 Mer
LE VIEUPOT
Il vaut mieux pomper d'arrache-pied même s'il ne se passe rien, que de ...
20 Jeu
CANTALÉBOULRESTEUCOULE
Plus ça rate, plus on a de chances que ça marche.
21 Ven
LE PUY
De deux choses lune, l'autre c'est le soleil.
22 Sam
BON PRIX
Gazobumeu. Meuhhh meuh meuh
23 Dim
LA RAPPEUSE
Ça bouge ! Bla bla blibleu blu lilala comme ci comme ça.

PETIT À PETIT, J'AI PRIS MES MARQUES, JE ME SUIS FONDUE DANS LE PAYSAGE.

AUJOURD'HUI, C'ÉTAIT TRÈS SYMPA L'ENDROIT OÙ J'AI PU M'INSTALLER.

JE ME SUIS GARÉE DANS UN PETIT ROUÉTON* COMME CELUI OÙ HABITAIENT MES ARRIÈRE-GRANDS-PARENTS.

* Ruelle ** Cogné *** Trempée

BON, C'EST PAS ENCORE CE MOIS-CI QUE JE POURRAI ME VERSER MON PREMIER SALAIRE...
XL
EXERCICE MENSUEL
... ET DE VRAIES INQUIÉTUDES ONT COMMENCÉ À SE FAIRE SENTIR.

ADÈLE, JE NE VAIS PAS Y ALLER PAR QUATRE CHEMINS.
VOUS ÊTES DANS LE ROUGE.
JE VAIS VOUS LAISSER FAIRE VOTRE INVENTAIRE LE WEEK-END PROCHAIN COMME CONVENU.
ADÈLE PINSEC
URSSAF
BILAN
2021
2014
AMORTISSEMENTS
TVA
MAIS J'AI PEUR DE NE PAS AVOIR DE TRÈS BONNES NOUVELLES À VOUS COMMUNIQUER POUR CETTE FIN D'ANNÉE.
MAIS, MAIS... C'EST JUSTE LE DÉBUT !
ÇA FAIT À PEINE QUELQUES MOIS QUE J'AI DÉMARRÉ.
IL FAUT ME LAISSER LE TEMPS DE TROUVER MA CLIENTÈLE !
JE PEUX ESSAYER DE RALLONGER MA TOURNÉE EN FIN DE JOURNÉE POUR LES GENS QUI RENTRENT DU BOULOT.

ESSAYEZ... MAIS JE VOUS AVOUE QU'IL EST URGENT DE TROUVER UNE SOLUTION.
ON MANQUE VRAIMENT DE TRÉSORERIE. ET D'APRÈS LES CHIFFRES, C'EST LA PARTIE "SALON DE THÉ" QUI VOUS MET EN DIFFICULTÉ.
PEUT-ÊTRE FAUDRAIT-IL VOUS RECENTRER SUR LA PARTIE ÉPICERIE ?
EPICERIE, SALON DE THÉ
AH NON !
HORS DE QUESTION !!!
JE N'IMAGINE PAS L'UN SANS L'AUTRE.
C'EST LE CÔTÉ "SALON DE THÉ" QUI REND LES GENS... HEUREUX !
ILS VIENNENT DISCUTER, PAYER UNE GRENADINE À LEUR PETIT-FILS EN SORTANT DE L'ÉCOLE...
JUSTEMENT ! ILS PASSENT BEAUCOUP DE TEMPS CHEZ VOUS, MAIS SANS DÉPENSER BEAUCOUP D'ARGENT...
MORT AUX VACHES
VÉROLE DE BOUC
TONNERRE DE VOLVIC
TOPINAMBOUR
CATHACHRÈZE
MRKPPXZMDI
ZP-F$*

DANS UN ÉLAN D'OPTIMISME, J'AI PRIS DES RENSEIGNEMENTS POUR FAIRE DES DEMANDES DE SUBVENTIONS. MAIS À CHAQUE FOIS ON ME FAISAIT LA MÊME RÉPONSE :

POWER FLOWER
CUISTRES
DROMADAIRES HÉPATIQUES
COLÉOPTÈRES
ANTHROPOPHAGES
SOUS-PRODUITS D'ECTOPLASMES
TECHNOCRATES
GIBIERS D'ALGORITHMES
POLICHIGNOUFS
TROUFIGNOLS
GEORGEABITBOLS
VIVISECTIONNISTES
NYCTALOPES
(ceci n'est pas un haïku)

...
REGARDE QUI J'AI AMENÉ... DES INVITÉS DE PREMIÈRE CLASSE!
Hi Hi Hi Hi Hi
MH...
MÉMÉ Z!
MA COCOTTE CHÉRIE!

QUELLE SURPRISE GÉNIALE !
C'EST DRÔLEMENT MIGNON TON INSTALLATION. ÇA ME RAPPELLE DES SOUVENIRS DIS DONC.
HUMMM, C'EST BON TON PETIT TRUC LÀ.
MIAM MIAM
MAIS ON PEUT PAS DIRE QU'IL Y AIT FOULE CE MATIN HEIN ?
TU VAS PAS FAIRE ÇA TOUTE TA VIE MA COCOTTE HEIN ?
T'AS UN PLAN ?
JE SUIS SÛRE QUE TU AS UN PLAN !
ALLEZ, TU PEUX ME LE DIRE À MOI !
...
EN TOUT CAS, QUAND JE VAIS DIRE À MARTINE QUE JE SUIS VENUE BOIRE UN THÉ CHEZ TOI,
ELLE VA ÊTRE VERTE DE JALOUSIE.
HI HI HI...

ET COMME SI LES CHOSES N'ÉTAIENT PAS DÉJÀ ASSEZ DIFFICILES, QUELQUES SEMAINES PLUS TARD, LE MONDE A FINI PAR NOUS TOMBER SUR LA TÊTE.

Françaises, Français,

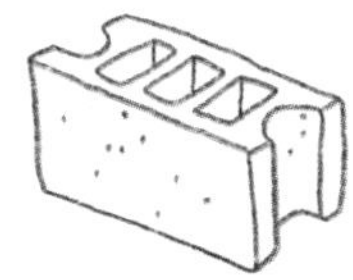

Le gouvernement a pris des dispositions fermes
pour freiner la propagation du virus.

Dès demain midi et pour 15 jours au moins,
nos déplacements seront très fortement réduits.

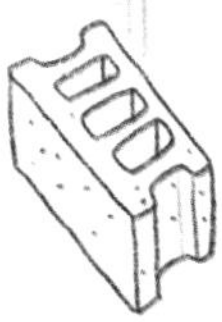

Cela signifie que les regroupements extérieurs,
les réunions familiales ou amicales ne seront
plus permis. Se promener, retrouver ses amis
dans le parc, dans la rue, ne sera plus possible.

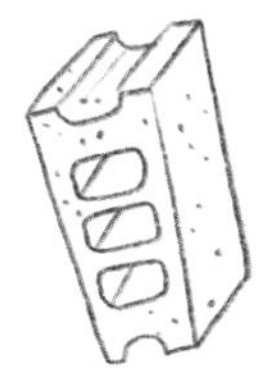

Mes chers compatriotes, je mesure l'impact
de toutes ces décisions sur vos vies. Renoncer
à voir ses proches, c'est un déchirement.
Cela ne doit pas nous empêcher de garder le lien,
d'appeler nos proches, de donner des nouvelles,
d'organiser aussi les choses avec nos voisins,
d'inventer de nouvelles solidarités entre
générations, de rester profondément solidaires
et d'innover là aussi sur ce point.

Vive la République,
vive la France !

MAMAN, IL A DIT QU'ON POUVAIT CONTINUER D'ALLER À L'ÉCOLE LE MONSIEUR ?
NON, PAS TOUT DE SUITE MON POUSSIN.
ON VA RESTER UN LONG MOMENT EN VACANCES.
UN LONG MOMENT COMME ÇA ?
PLUTÔT UN MOMENT
LONG COMME ÇA.

PASSÉ LE MOMENT D'HÉBÉTUDE, D'INCRÉDULITÉ FACE À LA PÉRIODE DE CONFINEMENT QUI S'OUVRAIT DEVANT NOUS, J'AI DÉCIDÉ DE MAINTENIR MES TOURNÉES.

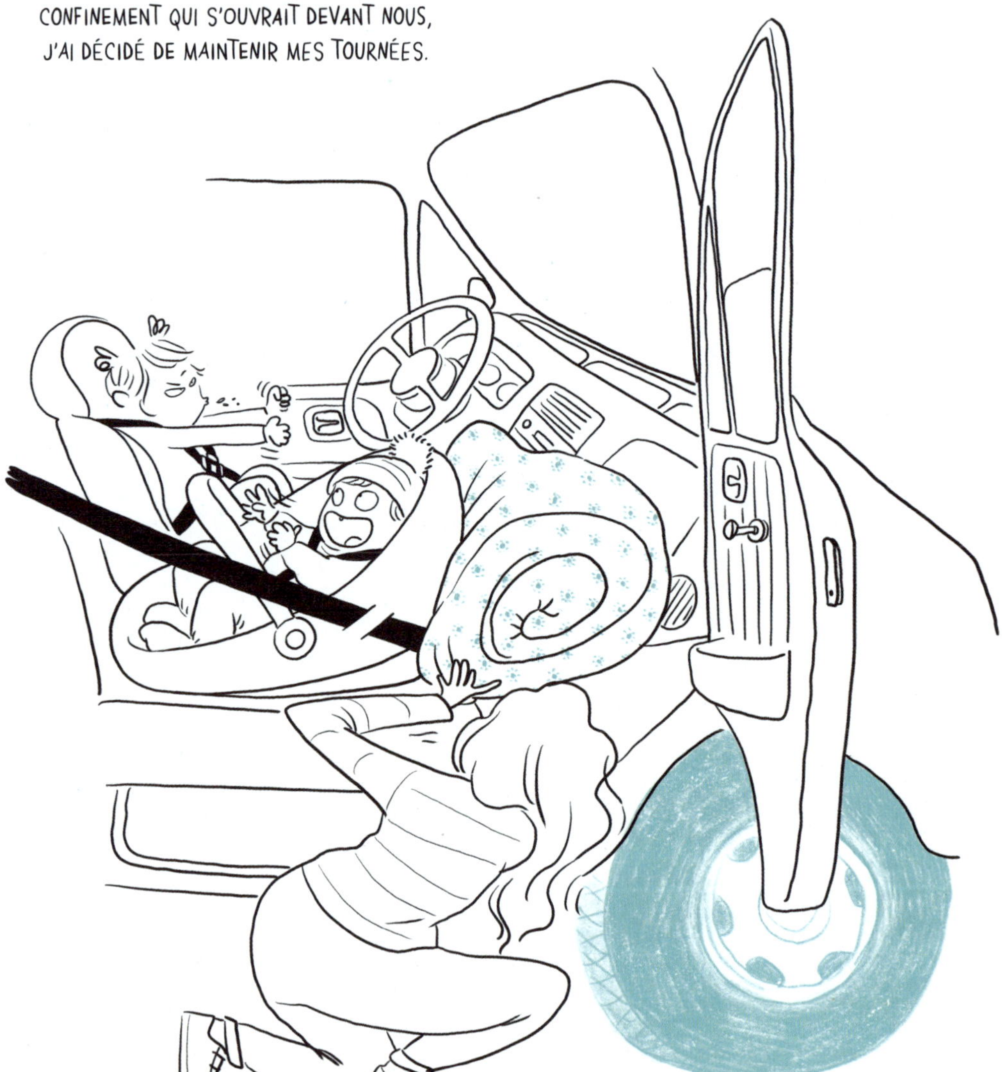

IL ME SEMBLAIT QUE, PLUS QUE JAMAIS, LES HABITANTS ALENTOUR ALLAIENT AVOIR BESOIN DE MOI. ENFIN, DE MON CAMION.

LES PREMIERS JOURS ÉTAIENT VRAIMENT TRÈS ÉTRANGES, LA VIE SEMBLAIT S'ÊTRE SUSPENDUE, COMME MISE EN PAUSE.

QUAND JE PARTAIS LE MATIN, SUR LA ROUTE, JE NE CROISAIS ABSOLUMENT PERSONNE.

LORS DE MES INSTALLATIONS À MES DIFFÉRENTES ÉTAPES, LE SILENCE ÉTAIT ASSOURDISSANT.

MAIS J'AVAIS DÉCIDÉ DE PRENDRE CETTE NOUVELLE ÉPREUVE DE LA FAÇON LA PLUS POSITIVE POSSIBLE.

DE TOUTE FAÇON, VU L'AVIS DE MA COMPTABLE, JE N'AVAIS PLUS GRAND-CHOSE À PERDRE...

J'AI EU BESOIN DE PARTAGER... ALORS, J'AI PRIS LE TEMPS DE POSER DES AFFICHES, À CHACUNE DE MES ÉTAPES, POUR ANNONCER MES JOURS DE PASSAGE.
Epicerie AMBULANTE tous les Vendredis
BUS
Epicerie AMBULANTE Tous les Vendredis
Epicerie
- PAIN AU LEVAIN
- FARINE
- OEUFS FRAIS
- YAOURTS
- BEURRE
- LÉGUMES
J'AI REVU LA COMPOSITION DE MON STOCK, EN PRIVILÉGIANT LES PRODUITS DE PREMIÈRE NÉCESSITÉ.
COMME J'AVAIS PRIS LE PARTI DE NE M'APPROVISIONNER QUE CHEZ DES PRODUCTEURS LOCAUX, JE N'AI PAS EU DE RUPTURES DE STOCK,
Ô Champs'
CONTRAIREMENT AUX GRANDES SURFACES DU COIN !

TU FAIS QUOI !?
KZ KZ KZZ ZZZZ
Recette de la Semaine
J'ESSAIE D'AIDER LES GENS ET DE LEUR FAIRE PLAISIR.
AH OUÈÈÈÈ
ET COMMENT TU FAIS ?
EN PARTAGEANT MES RECETTES MAGIQUES ET DES IDÉES POUR CUISINER DES REPAS AVEC DE BONS INGRÉDIENTS.
cette SEMAINE
GAZETTE Épicerie
idées Menus
DAHL SOUPE végé
Sem 32
CEUX QU'ON TROUVE DANS TON CAMION !? J'PEUX VOIR ?
DIS DONC, ON PEUT RIEN TE CACHER.

RECETTE DE LA SEMAINE :

TARTE AU CITRON MERINGUÉE

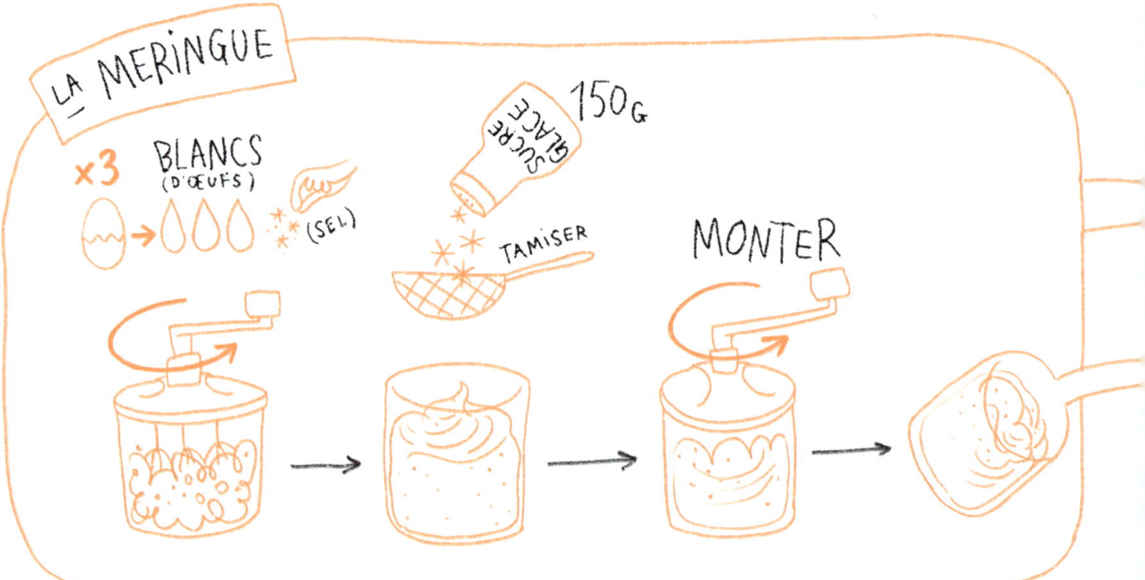

LA CRÈME CITRON
2 CITRONS
JUS + ZESTE
SUCRE
80G
MAÏZENA
2 càs
MÉLANGER (DE BON CŒUR)
BEURRE 60G
3 JAUNES (D'ŒUFS)
+
ÉPAISSIR
HARICOTS SECS
10 MIN.
180°C
1
ENLEVER LES HARICOTS
2
3
4
+ 10 MIN.
180°C
TARTE
MAISON

J'AI COMMENCÉ À RENDRE DE PETITS SERVICES, À VENDRE LE JOURNAL LOCAL ET DES TIMBRES,

Epicerie
À VEILLER SUR MES NOUVEAUX HABITUÉS, SOUVENT ÂGÉS ET ISOLÉS,
007 KFE 03
HEUREUX DE TROUVER QUELQU'UN POUR DISCUTER QUELQUES INSTANTS EN CHAIR ET EN OS.

POIS CASSÉS
LENTILLES
AZUKI
MUESLI
SUCRE
HELLO !
REGARDE ! J'AI FAIT LES PLANS POUR L'AMÉNAGEMENT DE NOTRE BIBLIOTHÈQUE DANS LE SALON !
JE L'AI SUPPORTÉ DEUX ANS, MAIS IL EST TEMPS D'ÉVACUER LE GROS VAISSELIER DE TES GRANDS-PARENTS ET DE FAIRE PROFITER MA PETITE FAMILLE DE MES NOUVEAUX TALENTS !
PRRRRR
CHOUETTE ! MAIS C'EST VRAIMENT ÇA QUI TE DONNE LE SOURIRE JUSQU'AUX OREILLES ?
EUHHH... OUI... ÇA... ET LES DEUX GROS CHANTIERS QUE JE VIENS DE SIGNER AVEC UNE SUPER ARCHI D'INTÉRIEUR.
PAPA ! VIENS JOUER !

ALORS, POUR FÊTER ÇA, J'AI DÉCIDÉ DE PRENDRE MA JOURNÉE, ET DE FAIRE LA TOURNÉE AVEC VOUS TROIS !

JE NE SAIS VRAIMENT PAS DE QUOI
DEMAIN SERA FAIT.

LA VRAIE VIE SE SITUE SANS DOUTE
AUJOURD'HUI, DANS LE TEMPS PRÉSENT
ET DANS NOTRE CAPACITÉ À LE SAVOURER.

CERTES LE CHEMIN N'EST PAS FACILE,
IL DEMANDE DES COMPROMIS, DES
SACRIFICES ET DES BATAILLES.

CERTES LA ROUTE EST LONGUE...
MAIS SI BELLE !

Un grand merci à mes sœurs, qui lèvent les yeux au ciel
à chaque fois que je formule une de mes idées folles, mais qui sont toujours là
pour servir une assiette, passer un coup de peinture ou éplucher des légumes.
Un immense merci à mes parents, qui soutiennent indéfectiblement
mon quotidien haletant et mes aventures délirantes.
Merci à mes cousines, mes épaules, mes grandes sœurs.
Merci à Joss, Basile et Léon de me permettre de vivre ces vies multiples
et de me laisser raconter un bout des leurs.
Merci à mes amis pour leur présence rassurante et leur bienveillance :
Marin, Émilie, Damien, Guillaume, Aurore, Héloïse, Olivier, Franck, Clem,
Alex, Lolo, Cathy, Marion, Fanny, Flora.
Merci à ma *partner in crime* qui réalise — en mieux — tous mes rêves les plus bleus.
Merci à Pauline pour ses encouragements, ses conseils et sa confiance !

Lucile

Mercis puissance infini et au-delà à Lucile
pour la résidence auvergnate au beau milieu de ta vie trépidante,
et accessoirement de m'avoir confié un bout de ta vie pour la deuxième fois,
à Pauline et à la maison Dargaud de croire en nous pour la deuxième fois,
à Martine pour la retraite dans ton « petit château » en Espagne,
à celleux qui se reconnaîtront, et aux lecteur·rice·s
de lire et partager les histoires.

Emma

PEFC
10-31-1800
Certifié PEFC
Ce produit est issu de forêts gérées durablement et de sources contrôlées
www.pefc-france.org

PREMIÈRE ÉDITION

Dépôt légal : juin 2023 • ISBN 978-2205-20625-8
Imprimé et relié en mai 2023 par PPO Graphic – 10, rue de la Croix-Martre 91120 Palaiseau – France
www.dargaud.com